TÚ ERES YO Y YO SOY TÚ

Y OTROS POEMAS DE MI VIDA

Vicente M. González

TÚ ERES YO Y YO SOY TÚ
Y
OTROS POEMAS DE MI VIDA

VICENTE M. GONZÁLEZ

© Vicente M. González

© Tú eres yo y yo soy tú y otros poemas de mi vida

Abril 2024

ISBN papel: 978-84-685-8105-7

Editado por Bubok Publishing S.L.

equipo@bubok.com
Tel: 912904490
Paseo de las Delicias, 23
28045 Madrid

Índice

PRÓLOGO DEL POEMARIO 11

2021

NIEVE VIRGEN 13
QUE TU BOCA ME LLAME 14
DÍA DE REYES 15
POR QUÉ ME BUSCAS 16
PEÑARANDA 17
MIEDO TENGO 19
BREVE 21
HAY QUE JUZGAR 23
ELEGANCIA DE LA ROSA 24
MIENTRAS DUERMES 25
VALENTÍA NULA 26
LA ORACIÓN 27
PÍNTATE 29
SEMANA SANTA 31
NO SÉ POR QUÉ 33
TODO CONTRA SENTIDO 34
SOLO POR AMOR 35
EL BESO 36
CARMEN 37
CONVERSO CON EL DOLOR 38
CUATRO SILLAS 39
OLVIDO 40
CON LA BIBLIA 41
EN EL COBIJO 43
TÚ ERES YO Y YO SOY TÚ 44
ESTABA BEODO 46
SIN CONCIENCIA 48
TE VAS 49
SOLEDAD INFINITA 50
AQUEL DÍA 51
NO APRENDÍ 53
PROFUNDO SENTIMIENTO 54
ABRIL 55
RELÁMPAGO 57
ALÉGRATE 58
EL VALOR DE LOS AÑOS (HERIDA ABIERTA) 59
VEINTITRÉS 60
DOS VÍRGENES Y JESÚS 63
AMISTAD 65
TE QUIERO SIN NOMBRE 66
TODO BONDAD 67

2022

EL ALMA PIDE, Y NO TENGO 68
POR EL CIELO 70
PARECE UNA DESPEDIDA 71
ARRÍO, SEÑOR AMOR 72
El VIENTO TRAE 73
CON EL MANTO 74
GEMIDO 75
LA FELICIDAD 76
LA NUBE 77
POR TANTO 78
LLANTO DE VARIOS 79
MIENTEN 81
PALABRAS 82
PUERTA SANTA 83
SÁBANA BLANCA 84
SANTA MARÍA 85
ESE DÍA 86
LA VERDAD ESTÁ VIVA 87
MADRE, MADRE 88
PARA PENSAR 89
EL AMOR CONTIGO 90
DÉJALA MARCHAR 92
TENGO UN LUCERO 93
HUMO QUE CIEGA 94
LA FRENTE 95
CAÍDA 96
DE LAS NOCHES 97
CUANTO VALES 98
EL LLANTO NO ALIVIA 99
ESFERA DEL RELOJ 100
TIEMPO SIN NADA 101
SENTIMIENTO 102
POR DÓNDE ANDAS 103
ÉRAMOS MUY JÓVENES 104
ESPERA 105
VEO TU ROSTRO 106
ARRODILLADO 107
PRIMERO DE NOVIEMBRE 108
POR LATIGAZOS 109
NOCHE DE PIJAMA 110
NO PUEDE SER 111
AMOR TRAICIONADO 112
CON LA NAVIDAD 113
HABLO DEL TIEMPO 114
EN EL RECUERDO 116

2023

POR TI 117
JILGUERO 118
DESDE LA CUNA 119
POR QUÉ 120
NO EXISTES 121
OTRO SER 122
SENTIR AMOR 123
REAL 124
NO QUEDA AMOR 126
VOCES DE PALABRAS 127
PROFUNDO 128
QUÉ ESPERAS DE LA VIDA 129
EN MI CUERPO 130
DE DONDE SALGO 131
Y NO LO SÉ 132
ATRAGANTADA VIDA 133
GANA 134
EN LA SOMBRA 135
SUFRE EL DOLOR 136
ENTRE MENTIRA Y VERDAD 137
QUE EL CIELO NO APAGUE LA LUZ 138
APRENDER DEL DÍA 142
BOLÍGRAFO 143
PENSAMIENTO 144
SEMBRAR CARIÑO 145
POR UNA LÁGRIMA 146

2024

ALGO QUE APRENDER 147
CASTIZO CON PASIÓN 148
DE CORAZONES 149
MIRA AL ALMA 150
NECESIDAD 151
TU SONRISA 152

PRÓLOGO DEL POEMARIO

De pequeño juntaba y unía todas las cosas que caían en mis manos: cromos de jugadores de futbol, fotografías de artistas, postales de ciudades del mundo. Sentía gran atracción por las palabras del diccionario y una vez, sin darme cuenta, apareció una hoja de papel donde se encontraban escritas varias palabras. Decía amor, vida, cariño…, vocabulario muy sugestivo para mi comprensión.

Los años pasaron y el sentimiento aumentó. En mis cuadernos de la escuela salen párrafos que no comprendo, según mi mente crece y aumenta sujetando mi mano para que aprenda, si la mente manda como lo hago. Con el paso del tiempo, tengo que cambiar de lugar para vivir, tengo que marchar a Madrid y buscar una empresa para trabajar y tener más opciones para desarrollar mi cultura y conocimiento para cultivar mi necesidad de, con amor, vivir y soñar.

Muy pronto despertó en mi cabeza una llamada para explorar la literatura, sobre todo el tema romántico y amoroso, provocando cansancio y fatiga de tanto usarlo y disfrutarlo.

Así fue pasando el tiempo. Ya soy mayor, mi relación con personas mayores de buena voluntad que me enseñan a escribir y respetar de fe singular, con pena porque dejaba atrás la universidad de las sanas y buenas costumbres, para marchar a Madrid para trabajar.

También a estudiar, querer y respetar a las personas mayores, sobre todo a escribir con amor, sinceridad y arrojo, pregonando todo sobre la verdad y amar con realidad, porque todo tiene su alternativa.

Se aprende a madurar la personalidad para aprender a querer y amar la prosa, la rima que me hacía soñar a veces hasta despierto para evitar la pérdida de amores y las flores del cielo que nos hacen soñar, prender al amor y por el cielo caminar.

Cuando el corazón puede a la mente, derrama germen que florece en el alma de toda buena gente, siembras empatía y gratitud.

Todos tenemos que soñar, crear hábitos con Dios y disfrutar, porque en la literatura creamos puentes para soñar. El Señor propuso vida, hay que gozar amando, para después delirar. Porque tenemos que aprender a amar y respetar.

Por el sendero de este POEMARIO, caminos de fe encontrarás, amores eternos sin realizar, fatigas de amor sin amar, porque la envidia, la avaricia se hace fuerte y siempre puede ganar.

Ahora en mi madurez, festejo el amor maduro, la felicidad de gozar la ternura de satisfacer mi alma y al credo de nuestra religión por seducir de corazón, con todo esplendor.

Madrid, Marzo, 2024

Vicente M. González

NIEVE VIRGEN

Limpiaros las manos
y mente obscena
con esta blanca patena
para redimir penas,
por muchas almas perdidas
de esta cruel nieve
aliada de virus condena,
luz tendrán en la
temible esfera
por esa blanca mente
que nos aleja y entristece.

Madrid, Enero, 2021

QUE TU BOCA ME LLAME

Que tu boca me llame
me causa alegría,
que tu boca bese la mía,
me da más vida.
Con tu cara de Macarena
no te adornes,
con lujos de sirena
tu alma se condena.
Creo en ti, pero no me abandones
aún tengo que estar aquí
por varias razones,
mis lágrimas son tus deberes
y tu silencio amores
lo nuestro, ilusión de pasiones.
Nuestro amor no está atado
vive prendido en tu piel
pendiente del cosido,
el cuerpo no puede más
de vueltas por un querer
traicionado y cruel.
Rodando como un dedal
llega a tu puerta
y sin llamar entra,
te encuentras rezando
por los pespuntes largos
que diste al tiempo hilvanado.

Madrid, Enero, 2021

DÍA DE REYES

Feliz día de Reyes
por aquí han pasado
y poco han dejado,
triste queda el ánimo
pero ya lo tengo acostumbrado
porque lo que más quiero,
en mi cuerpo
lo tengo grabado
salud, paz, amor
y recuerdos de años pasado,
en el corazón
están guardados.

Madrid, Enero, 2021

Dedicados a mi grandísima amiga Pilar, con mucho cariño,
el día de su santo. - 12 de octubre, 2021

POR QUÉ ME BUSCAS

Por qué me buscas
si no me amas,
si cierto fuera
por la boca sale flama,
el corazón palpita
el puso tiembla
el rostro varado
marcando sentencia,
dame donde saciar
el alma de significados
y pensamientos
torturas y flagelo
no mofes el sincero
pregunto por ti y
no te encuentro
el amor se siembra
con semilla pequeña
para que brote
en tu corazón,
encaja el sentido
volador para
sin recelar pasión,
con la fragancia
de admiración
siempre dominante
del corazón,
prisionero del amor
con duda para la razón,
en la celosía del perdón
y nefasta reflexión.

Madrid, Enero, 2021

PEÑARANDA

Peñaranda
tierra mía
era por abril
cuando te conocí,
cómo te puedo
querer y amar
desde la distancia
no te puedo ver,
al Santísimo Cristo
de la cama le rezaré
para dejarme volver,
pasear con el corazón
abierto y dueño de fe
por soportales de mi niñez.
Peñaranda, dulce y charra
me viste crecer
verter pantalones largos
amigos para aprender,
amor hasta
enloquecer
jugar al tute,
ganar y perder.
Plaza del templete
jugaba con amiguetes,
a ver quién primero la
bola en el agua mete.
por el lavadero,
donde lavan las mujeres
las camisas y ropas
a los casamenteros,
esposos y señeros
también a los forasteros.
plaza nueva, cita

de los cumpleañeros,
se festejan con vino
y al final con
pasteles y dulces
de salinero.
Tango grabado
en mi pecho
los vinos que con amigos
nos hemos tomado
en el bar "La flor del vino"
y las trampas que
a las cartas hacíamos jugando,
la verisca del cualquier palo.
Plaza nueva
cada año te decía,
te invito a conocer
un año nuevo en mi ser.
Mi Peñaranda,
te llevo muy adentro,
sin verte me siento
extranjero,
la sangre que corre por
mi cuerpo
se alejó de tu sendero,
al dar trato nuevo, pero
no tengas celos
tú serás la que
guardes mi cuerpo.
Hay Peñaranda, Peñaranda
porque de ti me alejé,
todavía cuando pienso
en ti, me parece un sueño.
Peñaranda,
la primera entre las amadas.

Madrid, Enero, 2021

MIEDO TENGO

Miedo tengo en quererte
en el ocaso del sol
se me antoja perderte,
en el nuevo día
la vida marca diferente,
sombras luchan
por no estar presente
sobrante de luz
y amores incandescentes,
de labios rojos
dicen nombre ausente
perdedor de amor
que murmura la gente,
maldito cielo
ahogando todo por
chatarra corriente,
de verdadero cariño
tirado a un hogar frío
de soledad sin querer
presenciando muerte,
el viento me dice
cuanto tengo que
aprender, si la vida
la tengo ganada
porque volver a nacer,
la fragua no enciende
nuestro querer,
la gloria tienes que alcanzar
para redimir la pena
que no pudiste lograr,
hay que ofrecer gran tributo

la puerta del cielo abre
con la oración y los
clavos limpios de madreo
y el alma rendida a Él.

Madrid, Enero, 2021

BREVE

Tu cariño
y el mío
se ha perdido,
por pecado
de peligro,
encendido
con llama
de agonía,
consumido.
Bebo vinagre
para ahogar
las penas
de amante
derruido.
Te espero
en el cielo
lo más alto
que he pedido,
para verte mejor
de corazón partido.
No confundas
el camino
todos llevan
a la gloria,
que vas sola
y no conmigo
y nos espera
el Señor bendito,
como amantes
y los hijos
de un amor

desatendido,
pero infinito.
aleluya
los nuevos días
son amigos
que cuidan
de los amores
rotos por hastío
cuando te he besado,
cariño mío
han unido
las oraciones
a los corazones
que son caritativos
sin dudar
son el tuyo
y mío.
Todo conseguido,
gracias Señor
generoso
de amor y sentido.

Madrid, Enero, 2021

HAY QUE JUZGAR

Se valiente y juzga
tu conciencia
para no pagar los errores
que por tu boca suenan,
el temor cae sobre
el amor que desprecias
al aflorar versos
de otra luna nueva,
con su luz tiembla
y castillos hacen tierra
para las almas heridas
que nadie sepa,
llora tu hipocresía
qué lástima de valentía
de un corazón sano
para mente podrida,
malversar al cielo, que
limpia con sangre
del cordón que te
trajo a la vida.
Esconde el miedo
porque a la sazón
aclamara el perdón
en el paraíso del amor.

Madrid, Febrero, 2021

ELEGANCIA DE LA ROSA

Figura y elegancia
con perfume limpio
que te lavas la cara y
embrujas a las hadas,
los jacintos y claveles
que dan más amor
y churumbeles,
como giralda enardecida
salpicada de rocío,
rosa por los jardines
gallarda y altanera,
estilo de buena hembra
española de bandera,
luce la rosa blanca
en su pechera,
rosa que enamora
y su amante luce
castiza y madrileña,
con abanico gallardo
y su mantón bordado
con flecos y colores,
cantando chotis
por la rivera,
con una flor en la boca
rosa, te parieron en la verbena.

Madrid, Febrero, 2021

MIENTRAS DUERMES

Mientras duermes
pienso en ciernes
que nada valió
porfío de nieve,
el canalón de zinc
nadie comprende
agua de nube gris
gotas de amor,
de las de siempre.

El sol alumbra
y la amistad florece
cuando es sincera
se agradece y merece,
por los días pasado
el corazón enriquece
con la simpatía juega
y el corazón crece.

¿Si duermes el amor crece?
¿y si despiertas, desaparece?
cuando se ama, como yo te amo,
el tiempo enloquece,
porque el corazón nos miente
y juega para entretenerse.

Madrid, Febrero, 2021

VALENTÍA NULA

Sé valiente y juzga
tu conciencia
para no pagar los errores
que por tu boca suenan,
el temor cae sobre
el amor que desprecias
al aflorar versos
de otra luna nueva,
con su luz tiembla
y castillos hacen tierra
para las almas heridas,
que nadie sepa
llora tu hipocresía
lástima la valentía,
de un corazón sano
para mente podrida,
malversar al cielo, que
limpia con sangre
del cordón que te
trajo a la vida.
Esconde el miedo
porque a la sazón
aclamara el perdón
en el paraíso del amor.

Madrid, Febrero, 2021

LA ORACIÓN

En la oración
está el peligro,
al decirla en bajo
no eres oído,
grítalo al cielo
y serás respondido,
tu santo amado
creerá ser más querido,
te elevará a la dicha
que reclama tu espíritu.
La plegaria
desde la cama
que bien suena
por la mañana,
la rezamos con María
cada buen día,
hay que salvar
almas perdidas
atormentadas sin
una vela encendida,
para entregárselas a Él
de su nueva vida
recién concebida,
que cultiven pureza
con humildad y justicia
oración sana de
bendición infinita,
dulzura del hogar
con amor se santifica.
El ego vencido
impregnado de martirio

en la cruz sin alivio,
descansa en el olvido
el rezo al viento
eleva a infinito el cuerpo herido.
desde la alborada
al pan que nos vigoriza,
la santa gloria
nos alumbra sin prisa,
espera invocación
la llamada con amor,
y lo entrega
en la Santa misa.

Madrid, Marzo, 2021

PÍNTATE

Píntate los ojos
y los labios,
sombrea el rostro
de otros años,
el carmín con el tiempo
de color ha mudado.
Sin saber lo que quieres
ofendiendo al del lado,
tiñe los ojos
los tienes comprados,
de odio acerado
y amor lacerado.
El pensamiento
te ha abandonado,
solo tienes sabor amargo
la luz del cielo,
tu vida ha censurado
te comportas de costado.
El bemba quiere luz
de espíritu soñado,
cuando te quería
eran robados
de amor enmascarado,
ahora al sol brillan
del latido con engaño
déjame besarte y abrazo,
la noche traidora
olvidar y sentirse burlado.
El olvido ausente
de tu corazón,
se ha presente

con el mío a toda pasión,
y receptivo solo tú y yo
de amantes con ambición.

Madrid, Marzo, 2021

SEMANA SANTA

Todas las noches
a María la rezo
y a mis ojos
acuden las lágrimas,
la emoción es grande
la paz anima
por saludar un nuevo día
es su compañía,
en el pilar de la vida
se palpa la agonía
cercana y compasiva
del fruto maduro,
generoso de vida
hay que querer
donde sentir existencia
para que el Señor
la bendiga por
la nebulosa perdida.
Procesión de saeta
del cuerpo resistido
de la flagelación
nocturna y diaria
de amor consentido,
por el alba presente
embellece el rostro
de la madre doliente,
deja que el sol disponga
el grado de amor,
somos dos sentidos
esparciendo ilusión,
con misericordia

y agua bendecida,
por serafines de pasión
con sonido de palabra
soñando que éramos dos.
En el ala de tu sombrero
el carmín de tu labio
grabe el aroma del amor
que el viento se apropió.

Madrid, Marzo, 2021

NO SÉ POR QUÉ

Hoy tengo ganas
de llorar y
no sé por qué,
sin darme cuenta
han resbalado
unas lágrimas
por el rostro
purificando el
sentimiento,
falso dice él
quién eres tú,
que osas mi proceder
la vigía que te ve,
sientes desánimo
pereza de querer
amar a la vida
que sembraron por ti,
creció el trigo
y comes de él,
el espíritu penetra
en las entrañas,
tomando la bandera
rota y acabada
doliente y ultrajada.

Madrid, Abril, 2021

TODO CONTRA SENTIDO

Éramos muy jóvenes
y ya nos queríamos,
por el verano tenemos frío
en invierno calor.

Todo contra sentido.

Cabalgando por el río
sin agua, sin piedra,
que nos limpiara sudor
y congoja del corazón,
mundano y castigado
por frío y calor.

Todo contra sentido.

Por haberse querido
de amor prohibido,
y lazos esculpidos
a la sazón omitidos,
por otro amor oprimido
por odio sin razón.

Todo contra sentido.

La noche nos oculta
en el lecho del placer,
el día sonríe en vano
delante de otra mujer,
la razón tiembla
por locura, quien será el,
he perdido, sin querer
loco por falta de fe.
Todo contra sentido.

Madrid, Abril, 2021

SOLO POR AMOR

La alegría es el puente al amor
donde se citan los besos perdidos
de amantes introvertidos
ausentes y poco queridos,
el calendario pide ser valiente
por una noche doliente
de celos y temblor
ciega por amargura y dolor.

Virgen mía por el alba
me desborda tu alegría,
cuando te rezo
me colmas de empatía
y gloria cada día,
como una madre haría.

Recordando la ausencia
del ser querido y
fracasado el gran abrazo,
en la tierra donde
quedo sembrado
el germen regado,
esperando al amor
que al solo se ha secado
los ojos lo han notado,
se ha convertido en cuesta
lo que antes era llano.

Madrid, Abril, 2021

EL BESO

El beso que me diste
como vapor se esfumó,
el viento atrevido
con él se quedó,
ya me gustaría
sentirlo yo,
repite la acción
que guardo el sabor.
¿Dónde el beso quedó?

A ciegas te lo envió
y no llegó,
un anónimo
se lo quedó,
celoso el corazón
al cielo reclamó.
¿Dónde el beso quedó?

A la cima del querer
el viento lo transportó
con mensaje de dolor,
el beso, otro labio selló.
amar queriendo
sin contar los besos,
caen del cielo y
para repartir entre dos polluelos.
¿Dónde el beso quedó?

Madrid, Abril, 2021

CARMEN

Princesa de la salud
con alma de ángel,
las recetas que dispensa
curan la sangre,
repartiendo amor
que todo el barrio alcance,
su templanza y fe
con ternura la abrace,
que día a día cariño reparte
y que a nadie le falte.
Para salvar la mala noche
que enseguida pase,
ancianos y jóvenes,
con vida alegre amanece.
El barrio es suyo
por salud y templanza,
porque todo vecino
con ella sueñan y sanan
y dicen, Carmen,
¡¡que Dios nos la guarde!!

La sabiduría
limpia e infinita,
fluye a su perfil
para quien la solicita.
El sentimiento
la amistad misma
plasma vida explicita,
dispensa en cada receta
entregando amor
en hora y cita.

Madrid, Abril, 2022

CONVERSO CON EL DOLOR

Converso con el dolor
afligido por la razón
de la desesperación
compañera de ocaso
ciego de desamor
con avaricia,
la agonía envuelve la mente
de forma silente
e inocente.
La sinfonía que nace
en el perfil que subyace,
la piel entrona el cuerpo
tensa por la vida
que contiene
de favor a quien no debe.
La gloria de mi ignorancia
me transporta a otro lado
donde yo le vi apenado
y acongojado,
no rezo lo recordado
una mañana que hablamos,
no es más fiel
el que ama, sino
quien se deja querer,
el olvido no es la causa
perderte es el dolor
es la traición de muerte.
El sol ilumina
el rostro de la dama,
altanera y engalanada
los colores del alma,
guardando el secreto
de la mujer enamorada.

Madrid, Junio, 2021

CUATRO SILLAS

Era martes,
una tarde de primavera
calle cualquiera de Madrid,
quedaba a la vista
una mesa de bar
cuatro sillas vacías,
cuatro corazones las ocuparon
todo famélicos de conversación
contar sus emociones,
añadir sus amores
y complacer al resto de ilusiones
a corazón abierto de otros nombres.
Una voz muy apreciada
cautivada por su dulzura
surgió engalanada,
que feliz disfruta la sonrisa
de la mesa que nos unió
de amor cercano y
aportando calor de hermano
de su boca rosada
salen las palabras templadas
originales del amor,
tierno semblante y embaucador
hasta la mesa tembló
y la felicidad a todos nos conquistó.
Recordando al tiempo que
no demore la próxima reunión,
he inmortalizado las
cuatro sillas que nos unieron

Madrid, Junio 2021

OLVIDO

El olvido no admitido
pero consentido,
es demoledor
y destructivo al corazón,
ciego a la razón
desgarrador al amor,
a la causa sin censor
del tiempo embajador,
mordiente al calendario
donde se marca y genera
la ausencia de la maldad,
sin clemencia al daño
importado del tiempo pasado.
El olvido no es escusa
de rechazar lo querido,
y tantas veces amado
la caridad se ha volcado
para no hacer menoscabo.

Madrid, Junio, 2021

CON LA BIBLIA

En el torreón
de mi condena
te conocí,
solo vi un cuerpo,
algún día será para mí
ahora son tengo pena,
para que voy a sufrir,
la condena puede en mí
porque nadie la pena.
El tiempo eligió
al hombre
agotado de fingir,
eres reina madre
de quererte, aprendí.
Con la biblia en la mano
y no te perdono,
ha sido tanto daño
que no te conozco
la traición en el cuerpo
perdura, castiga
al suelo con ardura,
el mando cae a pie
el dolor nunca cura.
Tus manos ciegan la vida
de locura al cielo
que aún perdura,
la vida se aleja y
nadie la cura.
El ser de tu vientre
la luna me enseñó
a marte como

nunca lo sentí.
El amor no es cautivo
es la falacia de un
enemigo,
el cielo hizo más grave
el engaño
donde estabas tú,
virgen santa y pura
tu hijo necesita cura.

Madrid, Julio, 2021

EN EL COBIJO

Desgraciado en el cobijo
desafortunado en el amor,
la palabra escrita
avergonzada expulsando flama
porque nadie la ama
se siente rechazada,
desvanecida, por el trato
de la vida,
se olvidó rezar y se encuentra herida,
y perdió la estima
de la persona querida,
de conciencia supina
salta la barrera
que Dios ilumina,
y el alma se libera sola
por el mensaje que destella,
el corazón afligido
al deseo no querido
y con el dolor reñido,
la tormenta ha pasado
su ira acostumbrada
al reguero de muerte,
nos ha derrotado.
Cercenando vidas
en principio por el
cielo infinito de soledades,
olvidos y sacrificios.

Pantoja, Julio 2021

TÚ ERES YO Y YO SOY TÚ

Tú eres yo,
y yo, soy tú,
somos dos almas perdidas
en la paz del Señor,
las creo distintas
en el mismo amor
perdidos en la tiniebla
dañados el corazón
roto el pensamiento
cándido el sentimiento
vano de valor
si Yo, soy Tú,
si Tú, eres Yo,
la madre en que
cuna te crió
limpia de dolor
o manchada de estupor
en el mundo zafio
dos almas sin esplendor
proliferan buscando sol
o la antorcha que se apagó
siendo su boato de día
en el pretérito,
Yo, clamaba a ÉL
Tú, lo rechazabas,
siendo la misma razón
nos desespera el alma
en mi ser abrasaba
porque el mismo padre
con desigual razón
nos ama separadas.

Muero por saber quién soy
eres Yo, que no vivo,
mi cruz donde la perdiste,
la incineraron en el monte
del Olvido.
Tú, conciencia abandono
la inspiración.
Yo, reclamaba sinceridad
sin precio moral
y con signo celestial.
Tú, hay que ser sabio, parecerlo,
pero sin serlo.
Yo, el mal no se rinde
el tiempo no rola
con la actitud ahogas
la salud que no sobra,
descubre el valor
que premia y honra
las buenas obras
con cariño de forma redonda.
Tú, yo he visto
la luna encendida
para alumbrar
almas perdidas.
Dos hermanos gemelos
venidos al mundo
con deseado anhelo,
pero diferente criterio.

Pantoja, Julio, 2021

ESTABA BEODO

Estaba beodo
y tenía un tesoro
el iris me engaña
la razón calla
por el lecho,
camina el alma
agonizante,
pidiendo calma,
el cuerpo se despieza
en polvo y sin cara
sobre las sábanas,
ya nadie lo reclama
el sentir vida oculta
ya se deshilvana,
la tierra lo abraza,
el destino cumple
su baza y atrapa.
El vino en mi cuerpo
gana a las palabras
envuelve a la mente
en la noche más negra,
a veces larga y blanca
sin ser aceptada,
el camino tomado
no aclara nada
a la salud atormentada,
el miedo atrapa
y el espejo declara,
se pierde el alma
y nadie la ampara
quedando a puertas

y ventanas cerradas
donde se proclama y
una voz se alza y dice:
"en la hucha de mi corazón
donde guardo mi honor"
serás muy querida
y vigilada desde mi cama
plateada y blanca.
busca en mi la paz
que no encuentras fuera,
porque caminas a ciegas
por el camino que reniegas,
despreciando el refugio
donde las almas son buenas.

Madrid , Julio, 2021

SIN CONCIENCIA

Sobre el mármol
blanco y frío
abandonaste la vida,
recuerdo ese día
penetro en el ama
de forma agresiva,
iluso quien te veía
lo guapa que estabas
quién lo diría,
los ángeles te cantaban
una sinfonía,
las lágrimas, por el rostro caían,
triste pero profundo
de estos días de
intensa despedida
de vana vida.
En sentimiento derrotado
no resistía, lo ángeles
tu cuerpo cubría
para presentarte
ante El y la Virgen María y
bendecir la gloria conseguida
donde aguardas
a las personas más queridas.
La cama de mármol
que el cielo presta,
no cumple el rito
del dolor que muestra,
para elevar al alma
al paraíso que
originó vida.

Madrid, Agosto, 2021

TE VAS

Te vas
pero no te vas,
te quedas,
y que esperas
languidece tu cuerpo
entre salmos y
oraciones que,
tu espíritu agradece
los caminos de Dios,
son los que prevalecen
de ángeles y jueces,
de la tierra
que te mereces,
canta, alegra el alma
por los senderos y
travesías de gente,
con sal que limpia
el presente y barre,
pasado pestilente
por un periodo nuevo,
y latente del mal
de las gentes.

Pantoja, Agosto, 2021

SOLEDAD INFINITA

La soledad es infinita
cuando la boca llama
para besar tus labios de flama
juntos de pasión proclaman,
el elixir del amor
se derrama en soledad
triunfas cada mañana
enredado en besos
con las sábanas,
y mi tez lanzando vida
porque me amas.
he bebido tu oración
incluido el perdón
afligido de engaño
y falsa emoción.

Pantoja, Agosto, 2021

AQUEL DÍA

Con la ceguera
al viento
dejo el sufrimiento
arraigado en lo profundo,
hay ¡Dios, Dios, Dios!
que ocurrió ese día,
cambió la vida
y hoy el ser
con la fatiga divina
y sin querer perder,
no concibo el daño
de no volverte a ver,
la pena traidora
furtiva quiso ser
y el beso solo en el papel,
el tiempo se agota
y no se quiere merecer
delito de mujer y
el corazón no aliviara
su parecer.
Pensaba que era un sueño
no lo podía creer
haberte querido tanto
y tener que romper,
el iris ciego, se niega
a volver a ver,
la vida acabó para él.
Solo sus lágrimas
perdonan el tiempo cruel,
su alma perdida
en el rezo, no consigue el bien.

Para amar no
es necesario llorar,
solamente el presente
y el final.

Madrid, Septiembre, 2021

NO APRENDÍ

No aprendí a quererte
y te perdí
te quiero tanto que volví
y no estabas allí
por donde la perdí
el camino ya no
se encuentra, la razón
se aleja, es el fin,
en la otra vida
se omite redimir
hola,
quién eres
que haces ahí
nunca te vi.
Soy el amor
vete
ya el amor perdí
deja mi vida tranquila
no quiere más sufrir.
Mirada dura
tensas tus cejas,
muestras a cierta
y puñaladas manejas
expulsa el odio
mal pagado,
ya no hay quedas,
recuerda,
ya el tiempo pasó
por tus ojos,
quedan ciegos
por enojos.

Madrid, Septiembre, 2021

PROFUNDO SENTIMIENTO

Tu cabeza es una
campana de mal sonido,
cuando toca
tragedia ha ocurrido,
dolor y corazón herido,
es tan intenso
que la razón
lo oculta,
y la esperanza
se derrumba,
por ver la nueva vida
de la raíz más profunda
con los besos perdidos
desde la cuna,
de la sangre teñida
por una tontuna
de un despertar amargo
y error de la vida,
por no escuchar
su palabra cada día.
Recordar es amar
sentir la pasión
de verdadera felicidad,
«cariño, no puedo borrar
el tiempo perdido,
desde la distancia corta
se ocupó el olvido»
del tesoro más limpio
desamparado en el limbo.

Madrid, Septiembre, 2021

ABRIL

El sueño habla conmigo,
dice porque no
deja dormir,
en los días de abril
los mismos de cuando nací,
no permite cantar
lo que yo pedí,
ser bueno y honrado
amar a los padres
hasta por ellos morir,
cuando todo se ha cumplido
en el calendario,
ya no queda abril
el día se consuma el
sueño no encontrar
razón, tampoco compresión
para lo que pasa por mí,
y en abril
un día par
nacer y morir,
abril es para amar y sufrir
no deja hablar y
hay que otorgar.
No me abandones
tan pronto
la vida es generosa
cuando te portas bien
amas al Señor,
el sentido quiere vivir
con sabor y caminar
para hacerse valorar

donde tenemos el fin.
El alma nos espera,
lo dijo cuando la vi en abril,
¿será real? Si
porque no sufrí
al quedarme sin ti,
y no pude fingir,
solo una lágrima
limpio el cuerpo
que te entregaron a ti.
Dichoso fundamento
que nunca comprendí.

Madrid, Octubre, 2021

RELÁMPAGO

No me dejes solo
contempla mi vida
necesito tu ayuda,
para subsistir,
liberar al alma e
este mundo ruin
y encontrarnos
en el sin fin,
te quiero no soy nada
sin ti, es este vivir.

Madrid, Octubre 2021

ALÉGRATE

Alégrate mujer
en este día
dios quiso que
tuvieras que nacer,
hoy quiere que brindes
con Él
por tenerle gran fe,
y la cruz
que cuelga en tu pecho
siempre te será fiel.
Felicidades eternas
te dará el SEÑOR.

Madrid, Octubre, 2021

EL VALOR DE LOS AÑOS
(HERIDA ABIERTA)

Con la época nuevas vidas
se han creado
con el tiempo en la mente
se han borrado,
famélicas de amor
por un mal deslavado,
de corriente fija
emitidas de mal rayo
y persistente a los años,
rechazando besos
y abrazos,
de rostro lastimado
con el perdón preparado
dolido de lustros
lastimado sin pegado,
ya no queda tiempo
para cerrar el ciclo,
hay que apretar los machos
ser valiente y amarnos,
la vida pide perdón
por perder tantos tiempos
y tirar al río
lo que sobramos,
cariño y compresión,
el orgullo lo guardamos
el tiempo ha rogado,
la unión, solo es una,
y nos ha invocado,
vivirla con sentido
nunca enfadados

Madrid, Noviembre, 2021

VEINTITRÉS

La sangre se ha
derramado
donde creció vida nueva
y afloró savia humana,
veintitrés, contigo,
veintitrés sin ti,
en esta disyuntiva
qué es mejor,
¿vivir o morir?
la conciencia dice:
luchar y redimir
al pobre infeliz,
famélico de esperanza
el amor fraternal
desaparecido,
pidiendo a gritos
ser querido.
Veintitrés, contigo,
veintitrés, sin ti.
El anhelo lo derrame
para volverte a ver
los ojos bajaron a tierra
para nada creer,
fracasados por el tiempo
que te querían ver,
llevando besos para entregar
auténticos y sanos
mejorando el vacío
de años pasados,
caminando por barro contaminado por dolor.
Veintitrés, contigo,

veintitrés, sin ti.
Del fondo del silencio
emerge una voz,
no te asustes soy yo
contesta mi corazón,
camino hacia la verdad
falto de amor
y comprensión.
Los lustros perdidos
en el oxidado tiempo
de nuestro pensamiento
y falso deseo de
querer volver de nuevo
a querernos ver y creer,
que el tiempo pasado
tiene una deuda
con tu ser y mi ser,
los momentos duros
nadie los va a recoger,
los ausentes ya no sufren,
pero si acaso nos ven
que disfruten
y cada día seamos felices
con ÉL.
Mientras los días continúan
rodando y rodando,
en el pergamino de la vida
lo encontraran escrito.
Veintitrés, contigo.
Veintitrés, sin ti.
No se distingue
el día de la noche
la locura no puede parar,
hijo mío, déjate ayudar

si hay daño
no hay que reparar,
no degastes tu vida
en el colchón,
se nace,
se duerme,
se ama,
se rechaza
y todo,
en el alma se guarda.
Veintitrés, contigo.
Veintitrés, sin ti.

Madrid, Noviembre, 2021

DOS VÍRGENES Y JESÚS

Virgen del Carmen, cuando nací
ya te amaba
el vientre que me creó
lo proclamaba,
tu acogida lo esperaba
los primeros días de vida
lo justificaba,
en las oraciones
que a mis oídos llegaban,
por tu gracia de madre
respiro creencia
del sol que alumbraba
para aliviar los males.
virgen del Carmen,
del paseo por mar
como tu hijo nace
para entregar amor,
enriquece el espíritu
gran fervor la gloria reparte.
virgen del Carmen,
somos tus hijos en la tierra
recójanse cuando llamemos
a tu puerta, madre del Carmen
que reinas en mi corazón
mantenlo limpio
de paz y amor,
con tu escapulario,
para que nos bendiga
nuestro Señor.
Brota de alegría
madures y grandeza

en nuestro cada día
de nuestra vida,
impregnada de savia vivía,
alimenta a tus hijos,
Jesús, Carmelo y José,
que viven en el cielo,
en la era
trigo limpiado al viento
para crear alimento
en tu cuerpo, Jesús
salvador y conciliador,
perdonando pecado
al alborotador,
predicando el buen ejemplo
al samaritano comprensivo
auxiliando a quien lo merece,
caminar acompañando,
al reino de Jesús con gran pasión

Madrid, Noviembre, 2021

AMISTAD

La amistad anda suelta,
un día te la encuentras
porque camina sola
es fresca y respeta,
también le gusta conocer
a gente nueva,
fue en Benidorm
la gran apuesta,
conoció por sorpresa
a dos almas de gran belleza,
hoy día se celebra.
a ti amistad,
ruego al cielo,
no rompas nunca
la devoción por
Juan y Consuelo,
grandes personas
de rezar y cantar,
y los amigos
nunca olvidar.

Madrid, Diciembre, 2021

TE QUIERO SIN NOMBRE

Te quiero sin nombre
aunque hayas querido
a otro hombre,
cuando eras virgen
de amor libre
con años jóvenes,
firmes de sabores
pero amargos y
con desconsuelo
de cielo negro
por entregarme,
a los lazos de otro
pensamiento
de boca dulce y
blanca de entresuelo,
donde derrame mis besos
perdidos en la hecatombe
de los celos.
En esta vida dura
piensa quien te quiere
con derroche de amor,
y felicidad te cura.

Madrid, Diciembre, 2021

TODO BONDAD

Toda bondad
dulzura profesional
con soltura,
buen humor y madura.
Simpática, cariñosa,
persona afortunada,
en esta dura vida
sensible a los demás
de sus creencias,
esbozando sonrisas,
dulce para ganar
alegre y conquistar,
empática para vencer
disponible al deber,
creativa con sencillez
compañera, y hasta fiel.
Solo puede ser, tu
ISABEL.

Madrid, Diciembre, 2021

2022

EL ALMA PIDE, Y NO TENGO

La vida me pide fuerza
y no tengo
me despereza el alma
y no puedo,
cuando termine
este acto nuevo
desgarrare el cuerpo,
entregare la sangre
a cambio de silencio,
por las noches negras
grabadas en oro
en lo más profundo
del sentimiento,
para el destino oculto
con estigma de fuego,
loco, llamas al hombre cuerdo
por querer brillar
más que el sol
en ardor veraniego,
sin censura, solo lucha
por ganarse el cielo limpio
sin pecado señalado
por leyes y desconsuelo.
El gemido y el grito
se sorprenden,
algo misterioso
aparece en el frente,
pregunto porque es así
sin contestación,

la voz ahogada, solo voz.
Esta situación agobia
en la hoguera mortal
del virus que nos atrapa,
acude con grave forma
arrebatando salud,
con brío infernal.

Madrid, Enero, 2022

POR EL CIELO

Salió a pasear
y perdió su vida
cuando encuentre
la perdida, que de
Dios está protegida,
y la familia tranquila,
si tu mi Señor quisieras
dejarme verla,
lo guapa que se venera
y los besos que perdí
a mí no llegan,
no demores la entrega
a quienes quedamos en tierra.
En el derrame
de lágrimas,
ofrecido a su figura
sirva para su salvación,
ante la presencia del Señor
y gozo del cuerpo.

      Pantoja, Enero, 2022

PARECE UNA DESPEDIDA

Parece una despedida
tu alma encendida
en el paraíso del amor,
con la luz del día
al sol derrama vida
donde está perdida,
porque no arrepentida
de volar con alas sencillas,
dogmática no soy
nada tengo,
de mis obras
me mantengo,
el otoño dorado muestra
tu corazón enamorado
riega con pasión el mío
esperando el fruto soñado.
Quiero perdonarte
y no puedo
porque será,
tal ver extrañará
el beso perdido
que no quisiste dar,
por uno robado
el dueño es buscado.

Madrid, Enero, 2022

ARRÍO, SEÑOR AMOR

Arrío mi amor
déjame dormir
sabiendo que te quiero,
ya te lo referí,
nuestro lucero
desvelo los celos
no viene a cuento,
solo piensas en futuro
no tengas miedo
que tanto nos queremos,
la envidia por beber
apagando nuestra sed.
Paloma sube más alto
la quiero encontrar
abrazarla, besarla,
rezarla y cantar,
para no bajar
de las nubes,
te ofendes porque
pueda ser superior,
no te afliges, a ti
también te quiere
quien por la noche
a tu lado duerme,
oyendo palpitar tu corazón.
Y la bandera del amor,
calo en sus corazones.

Madrid, Febrero, 2022

El VIENTO TRAE

El viento trae
otros males
de amor y desamor,
que no hay
quien lo repare.
Tú le diste vida
ahora no se la quites,
déjale en tierra, encontrar
mujer, y echar raíces,
los clavos en tus manos
y sangría, reflejas
el dolor que se cernía
de pasión sagrada
espiritual y confesada.
Cuantas veces mi
cariño ha quedado
colgado en el cielo,
para que lo recojas
y saber que te quiero,
perdido en un poema
de vida y sincero viento.
Los besos que no te di
ahora los extraño,
la canción que escucho
sabe que te adora
no lo tengo olvidado,
te hayas lejos
para enviártelos,
los días vacíos
y decepcionados.

Madrid, Febrero, 2022

CON EL MANTO

Con el manto
de la virgen cubrieron
el cuerpo empapado
de amor y llanto,
suspiro destrozado
y desconsolado,
de cariño con duelo
y un te quiero,
lanzado al cielo
donde sé que ves
y sientes por donde
mueve la pena,
por ausencia no acordada,
quien saluda con
calma despistada.
El espejo vio llorar
y no era por amar,
la canción al cantar
radia ausencia
pregunta al ánimo
cómo es la vida.

Madrid, Febrero, 2022

GEMIDO

El gemido y el grito
se sorprenden,
algo misterioso
aparece en el frente.
La tabla de salvación
no tiene enmienda,
el perdón se alejo
obsoleto de conciencia.
Un día dije te quiero
pero no es cierto,
donde estabas,
no te encuentro.
Pregunto porque soy así
no recibo contestación,
que delito he cometido
no se oye una sola voz.

Madrid, Febrero, 2022

LA FELICIDAD

La felicidad me
arrebata la vida,
me asombra cuando
tu nombre nombra.
El querer es una cruz
del puente encendido,
corazón herido
perdí el beso sentido.
A la carencia de amor
vidas repetidas,
que alguna
te llamará amiga.
Aleluya, aleluya la gloria
tiene alma nueva
deja la tierra huérfana
solo con su memoria,
afligidos por el dolor
cabalgando despacio
y alargando la pena,
para que me llamas
si el alma ya esta
desahuciada sin condena.

Madrid, Febrero, 2022

LA NUBE

La nube cubre tu rostro
que me da vida
no me apuro,
el sol alumbra
junto a la mía.
En la cima de tus ojos
aparecen las pestañas,
por encima de las cejas
son montañas,
donde gritas al viento
enamorada y regalada.
El tiempo cambia,
te casaste pensando
en otro hombre,
hiciste el amor
en sabanas de lino,
tuviste hijos
con luna llena
poseída de pecado fatuo
entre mujer y otro nombre.

Madrid, Febrero, 2022

POR TANTO

La mente martiriza
el pensamiento
de quien está enamorado
clavando recuerdos
del tiempo cercado,
evitando roces de
envidia y pecado,
sin alegría ganada
por trozos soldados
en noches malditas
por sueños parados,
en odio duro y
campanas encendidas
de aceite contaminado,
al capricho de celos
de tiempo pasado,
con dolor laminado,
busco el cielo
y no lo encuentro
será porque estoy ciego
en tiempo de invierno,
y el corazón casi parado
viendo el lujo que luces
de tiempos de antaño.

Madrid, Febrero, 2022

LLANTO DE VARIOS

El llanto
no es consuelo
yo estoy en la tierra,
tú en el cielo.

El espejo es sincero
a la vez de certero,
lo miro y no te encuentro,
el alma asoma sin consuelo,
el mundo roto por dinero,
aguardo cambio abierto.

La puerta
estaba cerrada
personas esperando
la oración frontera pasa,
presento el corazón
delante con esmero
ha llegado y dice,
cuanto has madrugado,
la ausencia sufrida
amor sincero guarda,
colgando del madero
incesante letargo.

La nueva alba
nada destaca
corona blanca,
tañido sin alpaca
noche larga y ceñida,
carente de fantasía.

Busca en mi paz
lo que no encuentras
fuera de la esfera,
camina y lo lograras.

Madrid, Febrero, 2022

MIENTEN

Mientes en el papel
también en el verbo,
cuando se revele el amor
quien caerá primero.
Cuando hago el amor
contigo no soy yo,
es otra persona,
se mueve dentro
de mi cuerpo, dominando
órganos y mente.
Dolor provocas al siervo,
angustia al pueblo entero,
los no nacidos
sentencian al olvido.
Te ofendes porque pueda
ser superior, no te afliges,
también se quiere a
los que son infelices.

Madrid, Febrero 2022

PALABRAS

Las palabras
no se las lleva el viento
se graban en el
pensamiento,
después de mucho tiempo
se reflexiona con fundamento.
La razón no es suficiente
solo la cobardía
es potente,
qué más da
nada vale,
para la mala gente.
Sentado frente al mar
contemplando las olas,
del amor que se fue
al cielo en pocas horas.
No soy nada
poco tengo,
de mis obras
me mantengo.

Madrid, Febrero, 2022

PUERTA SANTA

En la puerta santa
figura un signo
junto al mío
como corresponde,
indicando buen nombre,
el tiempo apremia
quien cumplió como hombre
quiero gritar y no puedo,
miro al cielo con duelo
porque no te encuentro
solo queda silencio,
se esconde en el sueño.
El amor es blando
cuando dicen te quiero,
peligro pasa a ser
el blanco no importa
sigo siendo el amo,
cupido tiene cargado
el arco y la flecha
penetra en lo señalado
limpiando antiguo pecado,
no te ha perdonado
tú lo has abandonado
con semilla de diablo.

Madrid, Febrero, 2022

SÁBANA BLANCA

La sábana blanca
oculta la pena
de la nueva vida,
con luna llena
famélica de fe
y esperanza.
La daga en el fuego
de la fragua,
el mayor castigo
de agonía y brillo
dispuesto a consumirlo.
Mira el calendario
que día corría,
la copa estaba vacía
fácil de olvidar,
ya no te quería.
En abril para quererte
por eso vine a vivir
la luna se unió
para juntos existir,
porque me cubre
déjalo, mire en el cielo,
el sol se ha enamorado
del color de tu cabello.

Madrid, Febrero, 2022

SANTA MARÍA

Santa María
los clavos en tus manos
y sangría, reflejas
el dolor que se cernía
del amor sagrado
y terrenal.
Cuantas veces mi cariño
ha quedado
colgado en el cielo
para que lo recojas
y saber lo que te quiero,
perdido en un poema
de vida por el aire.
Corre una lágrima
a refugiarse en tu corazón
para que no te vallas
y te lleves mi amor,
unamos vivir juntos
de locos por sentir
eres amor para mí.

Madrid, Febrero, 2022

ESE DÍA

Sinfonía que suena
con gran hipocresía,
olvidando los laureles
levantando claveles,
rojos de sangre perdida
en ríos de agua podrida,
para lavar las bocas
pegadas en almas rendidas,
robadas a nuestro cuerpo
incrustado en la vida,
que nos desafía a romper
la paz por nuestra lucha
conseguida con saña
a veces sin heridas.
Cuando despierto
no te encuentro
en mi poder,
marchaste ayer,
¡hasta cuando mis ojos
te volverán a ver?
Tengo que aprender
a querer.

Madrid, Marzo, 2022

LA VERDAD ESTÁ VIVA

La verdad está viva
en tu jardín,
en el mío está muerta
alcanzo su fin.
Esta vida condenada
a guerra cruel y desbocada,
cada mañana me despiertan
lágrimas atormentadas,
con sangre, lodo y desoladas
por falta de aire limpio y sano
por tiros de venganza,
en el jardín se han cambiado
las rosas por balas.

La mente martiriza
el pensamiento
del que estas enamorado,
clavando recuerdos
del tiempo cercado
evitando roces
de envidia y pecado,
sin gloria ganada
por trozos de soldados
en noches malditas
por sueños parados,
en odio duro y
lámparas encendidas
de aceite contaminado,
al capricho de celos
de tiempo pasado
con dolor laminado.

Madrid, Marzo, 2022

MADRE, MADRE

Madre, madre
donde te cobijas,
quiero verte
cuando te llame
no te veo desde el martes
te has ido con
los ángeles,
te has marchado
sin avisarme,
caminando por las nubes
y he creído saludarme,
paseabas con arcángeles
un beso te envié
abriste el corazón, lo guardaste.
Hablarme, aquí
escucho vuestro eco
sabéis que os quiero,
el sol enciende fuego
con ello me caliento
y recibo canticos y rezos
por el camino hacia Dios
de salmos y encuentros.
No quiero hondar la pena
pero fluye a mi mente
y me condena
para hacerlo creyente.

Madrid, Marzo, 2022

PARA PENSAR

Un halo de misterio
recorre por las venas
no respeta los años
condenas ni penas,
de sangre corriente
las pistolas se la quita,
hay que pagar con oro
como pesa la razón,
la desazón que llega
a esta cruel vida,
donde todo decomisan
se ofrece un canto
a la alegría.
Un flujo de lágrimas fluye
sin saber porque
ahoga el temor de movimiento
mañana nubosa y fría,
llorando esta por él,
cantando el gallo es de temer
el ego cambió de fe.
Bendita lluvia
que limpias el alma,
para el sufrimiento
que nos aguarda.
La libertad nació para
toda la vida y todas,
las razas humanas
hoy convive negada.

Madrid, Marzo, 2022

EL AMOR CONTIGO

Día con luz solar
qué guapa estás,
noche con luz lunar
eres natural,
cuando sales de la rutina
solo las lágrimas atrevidas
acercan a la vida
llevándose la alegría
y cuantas cosas más.
Yo te amo como
se debe amar,
cariño sincero, enamorado
vigilante de celos,
para mi soñar
noches de amparo y
de fiesta a celebrar.
Con la mente engañas
la mirada penetra
hasta el lugar
dañando al sentimiento
sin justificar la jugada,
se pierde sin amparo
y desgracia que,
pides a cambio
sin entregar nada
has perdido todo
por el afán que
no amas, y así
no se puede obrar.
Aquí no eres nadie,
el sol para ti no sale

candiles lucen fantasía
cantando espantos
del miedo ignorado,
te hace pedazos
del maltrecho acto
por el cielo apagado.

Madrid, Marzo, 2022

DÉJALA MARCHAR

Déjala marchar
que nadie lo sepa,
abandonar su pecado
hacer daño poco cuesta,
la cárcel del dinero
es avaricia ciega.
Para beber aliento,
hambre, dolor y alimento,
traicionar al amor, tormento,
¿merece todo esto?
Pasarás sed, hay
sequía en tu ser
dolor con sufrimiento,
amor de conciencia vana,
nula de sentimiento.
El humo de la impaciencia
penetra sin tiempo,
descontando la ola que
llega sin tener encuentro,
el amor en la arena
esperando a su dueño.
       Madrid, Marzo, 2022

TENGO UN LUCERO

Tengo un lucero
en el cielo, me guía
por donde tengo que ir,
hablamos por la noche
hasta marchar a dormir
candiles lucen para mí.
Tristeza invades mi pereza
te miro a los ojos,
y veo con extrañeza
pudor y sonrojo.
No quiero dormir
tengo miedo a la muerte,
encontrarte en el camino
y no reconocerte.
A tu lado todo es vida
amor y fantasía,
la conciencia ignora
lo que se adora.

Madrid, Abril, 2022

HUMO QUE CIEGA

El humo de la impaciencia
penetra en el pensamiento
como la ola que viene y va
sin tener un encuentro.
Por donde andas
porque te escondes,
llegaste a partir
de las once,
cuantos besos
sembraste anoche
en la cálida boca
de cualquier hombre.
La felicidad arrebata la vida
asombra cuando,
tu nombre nombra
por mala forma.
Mira el calendario
qué día corría,
la copa está vacía,
fácil olvidar
ya no te quería,
el cielo, gran luz ofrecía.

Madrid, Abril, 2022

LA FRENTE

Busco tu boca
para unirla
con el verbo
la frente,
con los ojos se
ofende de ver
a la gente dando
abrazos, inmóviles
de ser indiferente,
del engaño indecente
que les ofende.
La felicidad
se pierde por caminos
que muestra el
correcto destino.
La llegada al corazón
que muestra los vítores,
y canciones, de
vientos enamorados
tu no estas, has marchado,
importa alcancen, el beso
perdido no deseado,
parece extraño
recordar el tiempo
de antaño, buscando
el amor cercano, que
reparte de sincero
empeño, para invitar
a los años y repetir,
un te quiero ofreciendo
amor sincero.

Madrid, Mayo, 2022

CAÍDA

La caída
es un recuerdo
que tropezamos en el
sin quererlo,
cuando se recibe
el primer anhelo
excitando al cuerpo,
de joven con deseo
y pubertad escondida
de temor y envidia.
Si tu estas
no importa que me
alcancen a tu lado,
permanece en tu lugar
porque quiero alcanzar
el último destino,
de la felicidad que
se pierde por los caminos
donde muestra el
correcto alivio.
Donde encuentras
la bandera levantada,
de victorias conseguidas
con vítores y canciones.
La espera no merece
el trigo que no nace
trae muerte, el ciervo
cumple su suerte,
cuando anuncia
viento del oeste,
el corazón se agosta
a quién miente y
el sol todo florece.

Madrid, Mayo, 2022

DE LAS NOCHES

De las noches
límpidas de calor
y avaras de amor,
huérfanas de color
con lazos blancos
y anillos de oro
con voluntad de perdón,
de noches
sin amor y vida
tengo el alma perdida
de arena negra por
el color de sangre
en el corazón,
de vientos celosos
ecos inocentes
con serpentinas
alamares y despojos,
abren el camino rojo
de cruces blancas
y cuerpos sin rostro,
las lágrimas limpias
de salitre añojo,
cuando despierto
me llaman loco.
Porque amo a un ser
que no conozco
lo llamo y no hay retorno,
el corazón me dice bobo
¡despierta, estas tu solo!
la vida abandono
a tus ojos.

Madrid, Junio, 2022

CUANTO VALES

Como entran
qué valen,
entregan el alma
con retales,
coser la piel
como animales,
vender dinero y tiempo
por reales de antes,
ahora son capillas
para echarte bendiciones
según lo que vales,
de cada tiempo
te salve el hoy,
con avales rotos
como entran y
después salen.

Madrid, Julio, 2022

EL LLANTO NO ALIVIA

El llanto no alivia
al corazón
al estar reprimido
resentido y dolorido,
por el amor perdido
no es igual lo que
dicen tus labios y mirada
diciendo un adiós amargo.
Porque sonríes
con los brazos cruzados,
todos somos hermanos
de tiempos buenos y malos.
El silencio no dice nada
la razón increpa
y la palabra,
reclama su paraíso,
y gloria que le apoye
el destino de ser pobre,
trabajar para el rico si cobre.
Se que me quieres
salta al cielo las
nubes que protegen,
el sol quema
cuanto hay que esperar
para ser el primero.

Madrid, Julio, 2022

ESFERA DEL RELOJ

La esfera del reloj
marcan el gozo
y acompaña al dolor
con gotas de pasión
saludan con énfasis
al tiempo que dejo enrolado
por el cuerpo roto
en espera de amor,
con agujas asimétricas
de antiguo desamor
como entran salen
entregando el alma
con dilatados retales,
coser la piel
como animales
vender dinero y tiempo
por reales de antes,
ahora capillas para
echarte bendiciones
según vales,
de cada tiempo
que te salvan hoy
con rotos avales,
como entran y
después salen,
te preguntan
¿Cuánto vales?

Madrid, Agosto, 2022

TIEMPO SIN NADA

El tiempo no dice nada
solo tu pensamiento,
estimado en parada
de años casi enamorada
con sueños de juventud
cada día cambiaba,
las noches de estrellas
que de amor hablaba
sin estar presente el alma
en mi cintura enamorada,
esperando al ángel
con la antorcha apagada
del camino recorrido
confiando ser amada,
abierto el corazón sin luz,
ni fuego, en alerta cansada
que espera una enamorada,
perdida en época añorada
casi desesperada
famélica y atormentada,
con estación vana y sin
alimento para cada mañana,
los días pasan sin cordura.
Paloma salvadora acude,
con laurel de la victoria
y alégrame, empapada de gloria,
tú me enseñaste a querer
desde la distancia,
el fruto permanece fiel.
Solo tu pensamiento,
el tiempo no dice nada.

Madrid, Septiembre, 2022

SENTIMIENTO

Sentimiento, es el
olvido no admitido,
pero consentido
es demoledor,
destructivo al corazón
ciego a la razón
desgarrador al amor.
La causa sin censor
del tiempo embajador
mordiente al calendario,
donde se marca la
ausencia de la maldad,
sin clemencia al daño
importado al tiempo
del pasado.
Salta al cielo
las nubes te protegen,
el sol no quema
quiere ser el primero,
en abrazar tu bonito cuerpo
atractivo, de toque moreno.

Madrid, Septiembre, 2022

POR DÓNDE ANDAS

Por dónde andas,
por qué te escondes,
llegaste a partir
de las once,
cuantos besos
sembraste anoche
en la cálida boca
de cualquier hombre,
desnudo de amor
tentador vago
y de nivel bajo.
Te llamo
no contestas,
pregunto, no
hay respuesta,
el cielo contigo
se molesta,
el rayo del amor
queda a ciegas,
solo un resplandor
a tu corazón llega,
el tiempo abruma,
la soledad le culpa
y el verbo lo oculta.

Madrid, Septiembre, 2022

ÉRAMOS MUY JÓVENES

Éramos muy jóvenes
y ya nos queríamos
por el verano teníamos frío
en invierno calor,
todo contra sentido
cabalgando por el río,
sin agua, sin piedra
que nos limpiara el sudor,
y congoja el corazón
mudado y castigado.
Todo contrasentido,
de calor y frío
por haberse querido
de amor prohibido
y lazos esculpidos,
en la sazón omitidos
contra todo sentido
de otro amor oprimido,
en mis brazos
enredado en los labios
contra todo sentido.
Cuando estas a mi lado
te disfruto, me pierdo,
lo que me das
me crea miedo.

Madrid, Septiembre, 2022

Modestísimo homenaje a Pepi

ESPERA

La espera no significa nada
si la palabra que deseas,
viene con mal
del galeno formal.
Las baldosas del suelo
blancas y manchadas
con puntas lastradas,
piensas presagiar
el dolor que marcan,
desgarrador silencio
alimenta a la sala,
paneles que se apagan
gritos celosos que
nadie los para porque
el silencio disipa
brillo de la bata blanca,
con chorros de tinta
azul, verde, roja
para firmar el papel
de pésimo dolor
en caras blancas y
demacradas sin consuelo
por horas de bisturí,
de diadema cándida.
El cuerpo sufre
latidos del corazón,
se muestra dolido
necesita aire, alivio
de besos limpios,
para abandonar el quirófano
con mente liberada,
para gritar, ¡¡con vida salí!!
crear el fin, estoy salvado.

Madrid, Octubre, 2022

VEO TU ROSTRO

Veo tu rostro
y le faltan caminos
buenos y perdidos,
por falta de cariño
de felices años vividos,
donde se encontraron
los pasos que enamorados
recorrimos donde hicimos
el amor no permitido,
yo, desnudo,
tú, sin perjuicios,
esos días amorosos
nunca caerán en el olvido.
Porque me cubres
déjalo que nos mire el cielo,
el sol se ha enamorado
del color de tus besos.

Madrid, Noviembre, 2022

ARRODILLADO

Señor,
arrodillado delante de ti
observo movimiento
de tus labios,
no sé qué me quieres decir,
déjame venerarte,
contemplarte y poderte servir
en las noches de insomnio
solo pienso en vos,
me ofreces amor divino
que ore por tu sufrir,
para lograr el fin
la paz del espíritu
que creaste para mí.
Los seres más queridos
en la gloria serán acogidos,
bendecidos por el sufrimiento
solo creen en ti,
para ser glorificados
por tu poder infinito.

Madrid, Noviembre, 2022

PRIMERO DE NOVIEMBRE

El primero de noviembre
todos los santos
saben que te debo una visita,
para rezarte una oración que
se ha quedado avejenta,
Dios me acompaña
en el dolor de mi pena,
me dice que te rece
para que la fe no se marchite,
hay que recuperar
el alma perdida
en la turbulencia
de mala vida,
todas las noches te veo
pasearte por el cielo,
no me saludas, porque
sufro incluso cuando
contigo sueño.

Madrid, Diciembre, 2022

POR LATIGAZOS

Por los latigazos
de la vida
encurtidos, sin salida
nadie con tu verbo rima,
los sucesos que se
pierden en el olvido
testimonio del cielo,
color y sabor a canela
cuando no llega el viento
los celos, son peligroso dueño,
como yo se quererte
los míos no los eches al aire,
soy feliz porque tu
lo eres, la almohada
así lo refiere.
Tengo que confesarte
que hace tiempo, mucho tiempo
me invitaron a un viaje.
Con poco pudor se
abre el corazón,
afligido por el dolor y
desesperación sin razón.

Madrid, Diciembre, 2022

NOCHE DE PIJAMA

La noche es mi pijama
cada mañana despierto
abrazado contigo,
sin hacer el amor
por respeto al cielo,
se pospone para unir
el tiempo que destruimos
que nos espera en el olvido
desde que nos conocimos,
la nube ato al corazón
cuando besamos a
nuestro destino,
unimos pasión y seso
entonces nació el niño
con mensaje misterioso
de desamor contravenido,
la luna reclama cariño
verdad que nunca tuvimos,
ocurrió en sueño atrevido
el crio salvo todo
lo que era fingido,
las estrellas jugaron
con apego decidido.

Madrid, Diciembre, 2022

NO PUEDE SER

No, no puede ser
que me quede
solo en el mundo,
Señor, llévame con el
un buen sentimiento
no se puede perder,
es como la rama
de un árbol sano
ver su fruto caer,
en el pecho herido
clavada la pena
por años de sufrimiento,
alegrías y dolor, cuando
ascendiendo al cielo,
solo sus lágrimas
lavan el rostro moreno
que presume del ser,
déjame abrazarle
con descaro y fe
porque siempre te vere
en la eternidad
del buen ser.
El tiempo como testigo
responderá quien es.

Madrid, Diciembre, 2022

AMOR TRAICIONADO

Cariño te amo,
pero un beso
me ha traicionado,
fue de madrugada
la tormenta me ha
alarmado,
la nube negra
ocultó la voz
de un desesperado,
el perdón no es suficiente
la sangre que circula
por la mente,
los besos de boca
mienten y crecen.
Cuando la pasión es dolor
el ego es traición,
al verbo, amor
es invención y un
quejido en el enfermo
latido de corazón.

Madrid, Diciembre, 2022

CON LA NAVIDAD

Con la Navidad
digo cuanto te quiero,
han pasado los años
no te encuentro,
madre, eras siempre
la primera en asomarte
contemplar al niño Dios,
con luces encendidas
zambombas y panderetas
en la cuna que estrena,
para cantarle villancicos
enviando gestos de amor
hacerle sonreír y feliz,
pasar las noches
soñando con gracia
de Madrid, con su chulería,
para ver la estrella que
la percha de la esperanza
colgué la vida al ser,
que le crio completo
de amor por donde se guía.

Madrid, Diciembre, 2022

HABLO DEL TIEMPO

Hablo con el tiempo
no te encuentro
la ausencia miente
promete sinceridad
al recuerdo
altos y bajos
los lleva el viento,
con hojarascas de envero
del viejo maestro
quien te dio sin cortina,
los primeros besos
que fueron perdidos
en tu fresco cuerpo
caminando desnudo
por el botánico,
el sol nos cubría.
El pensamiento perfumado
en el pecado del camino
nos encontramos para
recuperar la gloria
de sus limpias manos,
sin saber el origen
porque nos amamos
teniendo en la cruz
los besos reclamados
en el pecado y la oración,
y palabra transborda
de meta de lo malo,
el Señor te ha perdonado
confía en el honor
al prójimo que te han utilizado,

alcanzando la meta
y ser dispensado.
Cuando la pasión es dolor
tu ego es traición,
con el verbo amor
he invención y un quejio
en el enfermo corazón
esperando a la sazón.

Madrid, Diciembre, 2022

EN EL RECUERDO

Me cobijo en el recuerdo
cuando te entrego mis besos
recogidos por el cielo
que más amor, quiero.
Contemplar una estrella
que acompañe mi cuerpo
por el que desespero,
fundirme con el tuyo
y ser el primero
en besar el ego que veo.
Porque es dura la vida
si te encuentras enamorada,
hace sufrir hasta
lograr controlarla,
nunca la razón
hizo caso
siempre atendió
a besos y abrazos.

Madrid, Diciembre, 2022

POR TI

Por ti, se para el alma,
por ti, el río detiene el agua,
por ti me levanto sin calma,
Por ti, que un día ya no estabas,
Por ti, la vela se apaga, por mandato,
de las lágrimas,
por ti, el río no lleva agua.

Madrid, Enero, 2023

JILGUERO

El jilguero no canta
se ha hecho daño
al cantar tanto
a su amor engalanada,
la mima con lujo
por su bondad y
prestación animada,
ser felices con la manada
esperan más pipiadas,
y todos contentos
celebran con pisto
para los invitados,
gorriones y familia
el padre dotado para,
y su venerada pía
celebrando su canto
de su pico sanada.
Canta desafiando
de placer y gozo a la mañana
para ser feliz de veras y
conquistar a su amada,
en los días alegres
que nadie te iguala,
el sol aporta alegría
comida y jarana
con agua tratada
para el baño de alada
y cola perfumada.

Madrid, Enero, 2023

DESDE LA CUNA

Todos los días desde la cuna
recibía muchos besos y mimos,
de la persona que más quería
hoy la veo en el cielo,
no me resisto a llamarla
y decirla, te quiero Madre mía,
porque faltas cada dia,
de mi boca, ojos y alimento
florece un ave María,
para que regrese tu alma
a fusionarse con la mía
en todas las posibles vidas.

Madrid, Enero, 2023

POR QUÉ

Ay, Dios mío,
el sufrimiento es el castigo
la cruz, en sus puntas,
son el martirio
se padece con perjuicio
de romper el espíritu
en lo más sentido,
sin masoquismo
sin alma por juicio,
de la herida abierta
con delirio del siglo
amargo y dulce
de castigo al hijo,
con la cruz que pesa
por el pecado no cometido
sin conocer la gloria
que fue prometida
de la herencia cual niño,
esto que pesa tanto
no logro discernirlo
acógele en tu gloria
en los días sin compromiso,
para que sirve el oro
sí es hierro fundido.
No mezcles la sangre
del que no quiere ser amigo,
la herida continúa abierta
esperando el cierre
para un nuevo ciclo.

Madrid, Febrero, 2023

NO EXISTES

Te quiero, pero no existes,
solo la palabra ilumina
una lanza sonada en el pecho
el tañido de tu centro
envuelve mi cuerpo con furor,
confía en el amor, él te conoce
y quiere entregarte lo mejor.
Me incruste en la naturaleza
de tu cuerpo, desde la soledad
siento el recuerdo viejo,
donde guardo mi honor
que se encuentra impreso,
como beodo preso
todo lo perdí en costales
de los trigos diversos.
En la vida fácil del
comprometido sueño,
de amargo relato por
dormir sin quererlo.
Es una cita preciosa
pensada andando
por el camino,
sin merced pausa
esperando al destino,
nunca querido y elegido
pero Dios asi lo convino.

Madrid, Marzo, 2023

OTRO SER

Soy, lo que no soy,
solo lo que me dejan ser
vacío el cuerpo por querer
lo que deseo cambia,
mi alma por no poder ver
contar al viento,
el sentimiento
de la ceguera,
y la admiración
se alivia con él,
solo soy otro ser
sin saber el que.
Quien dice como soy
que se puede aprender,
al llegar al destino el
resto queda vivir con fe,
descanso tocar la vida
para creer y crecer.

Madrid, Marzo, 2023

SENTIR AMOR

Mirar al que tiembla
se marchó sin avisar
por la ruta de oriente
y extensión de amor
trivial carente sin importancia
y castidad de corazón,
enlazado con esperanza
sin desgastarlo,
ojos ven mariposas blancas
de ángeles ocultos por el sol
volaba la mente y
turbaba la conciencia,
donde emanaba el perdón
cuando despierto solo queda
otra fase de compasión,
lo que más duele
es perderte otra vez.
Orando la pasión es dolor
tu ego es traición
el verbo amor y dulce corazón,
es invención un quejido
en el enfermo crecente
cada vez que éramos
uno para la razón.

Madrid, Marzo, 2023

REAL

Sin tener conocimiento
los ojos emiten lágrimas y
la mente acude a recogerlas
las manos enseñan lamentos
por gracia y encuentros,
de años nuevos y venideros
cargados de desencuentros
no fiables por falsos deseos.
Quiero verlo, solo respeto
que el alma juega sin conocerlo,
presente, quiero ser ciego
y cerrar por daño ausente,
cuando nos vemos
recordando años de
hace poco y mucho tiempo,
los juegos que aprendimos
sin correas y exiguo chaleco.
Los lamentos quedaron solos
primero era nuestro juego
la condena atraviesa el dolor
con profundo y consumido tiempo,
hasta cuando suaviza la pena
que tan profundo siento,
la ausencia de tus lamentos
igualados a lamer el sueño,
cariño que por ti siento.
Cada visita, alboroto y alegría
con emoción sostenida,
saboreando con savia nueva
la golosina prometida,
para acomodarse sobre

la pierna y rodilla,
dando la gracias para ser pronto
la nueva y esperada fiesta,
sin ser comprometida.
Mientras Randy disfruta
la dulce compañía,
y de poder repetirla
con empatía.

Madrid, Marzo, 2023

NO QUEDA AMOR

Ya no queda afecto en la vida
solo el odio se respira
atado al dolor que castiga
a luchar por la mentira,
fecunda de desamor
sin cesar la traición
enmarcada en indecencias,
de palabras decadentes
para engañar a la gente,
solo se puede morir por amor,
el cuerpo sufre latidos
necesita aire no sufrido,
de besos limpios, sanos
procedentes de hermanos,
siempre comprometidos
con la verdad y el valor.

Madrid, Marzo, 2023

VOCES DE PALABRAS

No me olvido de ti
te llevo en la razón,
por lo mucho que
te admiro y quiero,
por tantos años pasados
siendo buenos amigos.
Hablo con el recuerdo
siempre nos acompañó
y aparece un beso,
el rostro, quedo agradecido
la luna se ríe, de la acción.
El silencio es lo mejor o
comentar con el corazón,
sin rencor y pasión
de personas con valores.
El espejo habla y entretiene
mirando el rostro
del pecado olvidado,
cuantos años tienes
sin ser perdonado,
sé que no puedo esperar
ya soy viejo y se teme
solo está el astro
tú no tienes dueño,
para el viento que
te ajuste el consuelo.
Cuando no estas
el sol no alumbra
para el viento,
ajústate al consuelo
las ascuas de la lumbre,
con calor se derrumba
del plomizo sueño.

Madrid, Marzo, 2023

PROFUNDO

Con profunda hermandad
y cortesía,
saludo cada amanecida
al futuro encuentro
de nuestras almas,
con gloria evangeliza
en la cumbre serena
por noche que amanecía,
salmo de ángeles
evangelizando con empatía
el ocaso del ejemplar día,
Dios nos saluda por
la virtuosa y santa
gloria nos recibe,
con saludos gozosos
para toda la vida.
En la conciencia
del recuerdo te perdí,
con canticos de alabanza
el cielo, saluda tu rostro
para hacerme feliz,
respirando luz, que nunca
se apagó delante de mí.
Proteger al alma descarriada,
es una antorcha encendida
que transmite misericordia
en la morada de sueño y gloria.

Madrid, Marzo, 2023

QUÉ ESPERAS DE LA VIDA

Qué esperas de la vida
si esta pervertida,
hasta las flores lloran
cansadas de pedir savia,
audiencia a la luz que
hoy no luce por agonía,
ha traicionado, sin alcanzar
la herida final sentida.
Cada noche te encuentro
en el mismo lugar
donde se cumplen deseos
de amor y felicidad
camino hacia el altar,
se vencen los miedos
mirando la cruz del padre leal
sacrificado para la vida lograr,
sin adulterado por gente
capciosa y atemporal.

Madrid, Marzo, 2023

EN MI CUERPO

Una lágrima en el cuerpo
no comprendo,
te busco no encuentro
no preguntes quien soy
solo sé que te quiero.
Reclama al cielo
gloria que le apoye
su destino por ser pobre,
trabaja para el rico
y no cobre.
Voy joven y en silencio a
encontrarme lo que más quiero
con ella sueño y energía,
orando el sentimiento
se descubre el amor
de antaño en tiempo,
cuando nos queríamos
en días de sol
a quien ame, sus besos
y labios son mi flor.

Madrid, Marzo, 2023

DE DONDE SALGO

De donde salgo
la verdad es dura,
no se si todo esto
me lo han contado,
lo juro por los tres clavos
que adornan la
cabecera donde siempre
concentrado rezando,
cuando levanta la oración
divina por el pecado,
que no sé qué tengo
ausencia de abolengo
solo el pulso me lleva
donde no encuentro cargo
y a quien atiendo,
solo he rogado por ser
quien bebe de otro tiempo,
vino tinto añejo
no quiere ascuas de
palos, solo mira al sol
que te bendice de santo.
Camino por las nubes
para platicar con Marcos,
los signos gozosos llenos de
vida y santos, cobijo
el cuerpo al calor
de leones, fieros y mansos.

Madrid, Marzo, 2023

Y NO LO SÉ

No sé lo que es morir
solo sé que tú
me esperas en aquel lugar
para descansar lo que,
abajo, en tierra soporte
de tanto que entregue
no hay lo que sufrí
en el paseo de gloria
me perdí,
el ángel de la guarda
me esperaba allí,
la vida aquí no acaba
aunque espere tu guardia
sensible para mí,
al rosario que tanto rogué
las cuentas gastadas de fe
en fundas las guarde,
contaba con los dedos
el pie que en tierra deje,
con pulso muy débil,
el alma rota desgarre
por el amor perdido,
y siempre querido
de luz y miedo flota,
con la verdad rota
de tragedia se ignora
por consecuencias implora.

Madrid, Mayo, 2023

ATRAGANTADA VIDA

La vida atraganta
a la felicidad,
sus acciones son cueles
pestilentes de orfandad,
recrimina a la bondad
que a veces es irreal,
no ahogues la sinceridad
aunque sea testimonial
gobierna tus lazos
de simiente para sembrar,
con empatía para bien
gobernar,
caminar por el buen sendero
hacia la realidad
sin defraudar la verdad.

Madrid, Junio, 2023

GANA

La verdad,
con el cariño
nunca se pierde,
cada mañana
le abrazo y veo
que está conmigo.
Te quiero tanto
como a un hijo,
los ojos me miran,
si la penitencia
esta cumplida,
el corazón florece
parte de la vida.

Madrid, Junio, 2023

EN LA SOMBRA

En la sombra
tu cuerpo ilumina
savia del fiel cristiano
que de amor salpica
para los hermanos
que la necesitan,
con la mirada puesta
cada dia en Dios,
la glorifica para los pobres
que lo necesitan con amor,
semejante a su redención.
Solo la vida tiene esperanza
como una persona enamorada,
llegar a ser madre
para demostrar la causa.

Madrid, Octubre, 2023

SUFRE EL DOLOR

Sufre el dolor en el alma
que creo la vida,
taladrando golpes
y defenestrando
cordura para ser feliz,
la verdad que entregaste
a la felicidad soñada
creas amor al diablo,
la insignia del bien entregado
en pago del pecado,
no preocupa la soledad
si el bullicio
donde todo es falso,
sin mancillar el orden
del corazón y la sonrisa,
prestada a quien
sufre dolor y no se resigna
a la oración del perdón.

Madrid, Octubre, 2023

ENTRE MENTIRA Y VERDAD

La mentira empedernida
mala consejera,
para vivir en una
caótica falsa vida,
de embustes con palabras
revestidas de engaño
y malicia, sacando la moral
beoda y mentira.

Las buenas obras
nunca caducan,
son las personas
quien no las educan.

Un buen amor
se demuestra en silencio,
la mirada blanca
y profundo sentimiento.

En la razón no se
contempla el perdón,
solo se encuentra
en el amor a Dios,
en la cruz que nos redimió
con su túnica arropo
el cuerpo ensangrentado,
y de ignominia caló
el verdadero amor.

                Madrid, Octubre, 2023

QUE EL CIELO NO APAGUE LA LUZ

Que el cielo no apague las luces
y alimente el espíritu
del caminante famélico en el ardor
perdido de amor y esculpido a la
semejanza del ocaso herido en la ausencia
oprimido sin candor, por ser perseguido
de voluntad inerte y sin pecado omitido
la razón desvaría por rio limpio
rogando paz, cariño y sin dueño,
como el corazón atado
en el camino sin sentido
el roto desconocido, ensangrentado
porque te ocultas en las sombras
de luz y vida,
que asombre todo lo oculto que hay
en tu nombre
sal al son de mi padre, para que te
alabe con paz y limpió de pecado
que por el mar ande
con negra aventura al fondo,
te mande en oscura noche de viento
en clave para guardar tu pena
que nunca a las olas agarre,
como al Señor caminando solo, y
nadie le atrape.
Luna, no quisiste que nadie lo viera
hasta la sombra de amores ocultos,
personas por salves
los milagros del pasado
caminan muy presentes por el cisma
de la esperanza venidera,

cuando iluminan el sendero viejo
quiero decirte amor que amarte, se acabó mi tiempo,
el reloj paró sin descuento, lo siento.
Apagada la sombra
y el viento en calma
se transporta mi alma, a la candidez creada,
en el jardín de las acacias griseadas
para que el viento esparrame en la soledad
manchada de nulo acento,
coraje viejo de años de antes y
ser el pequeño con nulo sentimiento
dentro del desierto incierto.
Dime lo que soy, porque lo siento
vivido tan lejos y cercanía sin complejos
las llagas rompen nuestra alma.
Lo que he escrito, todo es cierto.
Una lágrima avisa,
sonó la sirena, ya no queda tiempo
ahogados los afectos, nunca llamaría a la muerte
pero luces negras juegan a
esconderse, pintados sus rostros
con signos diferentes al paso
del lejano oriente.
Esta mañana el despertador ha sonado más fuerte,
con prisa, avisa que se preparan los datos
que el necesita, porque la tierra que pisamos
se rasga y no avisa, el tiempo
que usamos esta gastado,
los sueños ya no son ilusión y
el alma, cambió de razón que no se conocía.
Te echaré de menos, con sacrificio,
el sol de la mañana, será mi consuelo dolorido.
La luz del faro ilumina el corazón, para salvar tu fe
y permanecer junto al Señor.

Si no cuidas el amor, no eres consciente
de su valor, del brillo y voz del piano,
asómate a la ventana, el deseado
marcha porque la nube y el sol le cubre
y tapa, al enamorado.
Miro al cielo y está cerrado
el alma en desconsuelo el amor,
de pena ha finiquitado
entregado en pago por el pecado.
Solo vivir tiene esperanza,
como una persona enamorada,
al llegar a ser madre, para demostrar la causa.
El sentimiento no sobra
la ilusión complace al corazón,
deja la maldad dormida
y vive de salud sincera,
es una cita preciosa
lo pensé andando el camino
sin pausa,
merced esperando al destino
porque la vida tiene datos.
En el recuerdo, proceso tu encuentro
el aurea del primer beso
recuento el rebaño con almas de ahora y antaño,
las ausencias quedan sin amparo, pobreza dura
y sin consuelo.
Ruiseñor, me preguntas mirando a los ojos,
si la penitencia la tengo cumplida,
en el corazón florece una herida y
en el antiguo misal da las claves de la realidad,
la frente contiene, y se encuentra el documento
andante y vigilante para el ser humano.
Tu dulce y tierna mirada, hacer temblar el pulso del ser,
la mirada celestial

emborracha la mente de paz y libertad, testimonial.
Siendo el día tímido.
La luz que alumbra, se ha perdido
para iluminar un corazón herido.
Caricias con dulzura ya no resbalan por su piel.
La imaginación atrevida, contempla un alma perdida,
hacia la casa de Dios.

Madrid, Octubre, 2023

APRENDER DEL DÍA

Teniendo la voluntad del mal
las lágrimas han limpiado
el camio para encontrar
contigo la vida,
unir la entrega de amores elegidos,
donde no se pone en duda
al infinito y
rueda sin estar contigo,
hay que aprender, para nacer,
amor hay que valorarlo
y no desgastarlo
en brillo e ilusión.
Dios dio la razón,
la feminidad la quita,
en la oración la santifica,
con rezos la glorifica,
con necesidad de amar
sin cuento atrayente,
se grabó en el corazón.
Lo que está pendiente
puede esperar
el alma eligió el lugar
donde descansar,
tal vez puede ser
que abrazar sin estar
en luz u oscuridad.

Madrid, Noviembre, 2023

BOLÍGRAFO

El bolígrafo esta triste y
desamparado,
se le agota la tinta
casi sin usarlo,
no recuerda lo plasmado,
sí bueno o malo
que hizo tanto daño,
turbando la conciencia
a situaciones del pasado,
encendiendo el dia
llegaste a mi reino
rompiendo el aire,
te lo regalo
el amor espera
para hacerse sagrado.

Madrid, Noviembre, 2023

PENSAMIENTO

El pensamiento divino
crea un halo del destino,
el amor se evapora
más rápido que el mejor perfume,
mirar al que tiembla
por cenit de tu gloria
para plantar mi vida,
está prohibida.
Te he prestado mi piel,
solo el silencia hablaba.
Otro amor oprimido,
en mis brazos
te he perdido.
El regalo del amanecer
espera la cruz que brota,
propósito hay que tener,
cómo saber nacer.

Madrid, Noviembre, 2023

SEMBRAR CARIÑO

La labor de un enamorado
es sembrar cariño,
los hijos que aran la tierra
traen buen aliño,
sano y fuerte queda para servir
al tiempo y dejar de ser niño,
querer a los padres y regalar
al Señor, para repartirlo,
el amor de la carne, no es justo
solo el alma disfruta de lograrlo.

Madrid, Noviembre, 2023

POR UNA LÁGRIMA

Una lágrima en el cuerpo
no comprendo,
te busco y no te encuentro
no preguntes quien soy,
solo sé que te quiero.
Reclama al cielo
gloria que le apoye,
su destino por ser pobre,
trabajar para el rico
y no cobre.

En las venganzas
testimoniales,
te dicen lo que eres
y lo que vales,
si eres de oro, o solo
tienes dos reales,
de una moneda de antes
con agujeros banales.

Madrid, Noviembre, 2023

ALGO QUE APRENDER

Algo cercena la tranquilidad
perdida en el pensamiento
sin acariciar la herida
solo me quedas tu Señor,
el cortejo espiritual ya paso
un nombre se hoyó
con tono de dolor,
cuando la amargura
invade la razón.
Rezando el credo
pienso en celeste
la felicidad se esfumo.
Perdí una estrella
pero no la busque,
porque la ley son mis besos
que te guarde,
duele la palabra al decir
que ama, llama y tengo fe.

Madrid, Marzo, 2024

CASTIZO CON PASIÓN

Entre el amor y la pasión
se encuentra la mejor vida,
dulce, tierna y amiga
en el papel se escribe,
todo vale sin clave
siendo limpio, el que mejor
y más sabe,
cuando es bueno
la función que se hace
a todos complace,
odio, mentira, daño
con desdenes
de mala vida.
En el verso se siembra
es la ciencia la contestable
que hago yo
sin meterme con alguien,
el papel queda soso,
quien lo rebate
ver, de lo que hoy día,
quien lo sabe
solo crea odio
vestidos sin tirantes,
pechos al descubierto
la gente que se aguante
son míos dicen,
costaron mucho
para quien no lo aguante.

Madrid, Marzo, 2024

DE CORAZONES

Tu nombre sonó,
el tañido de las campanas
en mi pecho calo
sediento de comprensión,
el corazón tiene celos
por no ser el primero,
levanto la vista al cielo,
Dios es certero, para con amor
llama a los hijos eternos
limpios de pecado, a su lado,
creando paz, vida eterna
de este mundo incrédulo
y porteño, de fe negativa
de hijos sin dueño,
falsa fe y aprecio
cuando alcanza el fatal
encuentro para gozar,
el eterno, en tu gloria acoges
a tus hijos débiles de cariño,
famélicos de amor, faltos de
sembrar bondad por su cuerpo
invadido de odio
y voluntad cristiana.

Madrid, Marzo, 2024

MIRA AL ALMA

No mires al rostro
mira al alma,
que está condenada
por amor y pena
de castigo cruel,
del dia que acapara
abordando la virtud
por paloma atormentada,
ojeras del rostro, y
omitir la oración
del camino que niegas,
no engañes al sentimiento
ni defraudes al gesto
firme de lo que es sincero.

Madrid, Marzo, 2024

NECESIDAD

Las lágrimas humedecen
el espíritu y llegan
al fondo de ser
saneando del pecado,
y haciendo limpios
los clavos en el cuerpo,
señalados y flagelados
esperando con fe
ser perdonado,
el rio, de gloria
pacifica con esperanza
porque vivir sin ti, es una
flagelación de la vida,
algo cercena la tranquilidad perdida
en el pensamiento
sin acariciar la herida
solo me quedas tu Señor,
el cortejo espiritual ya paso
tu nombre se hoyó
con tono de dolor,
cuando la amargura
invade la razón.
Rezando el credo
por la ventana siento,
la felicidad escapó
sin acariciar la herida
de profundo dolor.

Madrid, Marzo, 2024

TU SONRISA

Tu sonrisa
se encuentra perdida
lucha por ella
con empatía y
apuesta por
la dulce vida,
dormir solo contigo
se respira tiempo feliz,
se riega el pensamiento
de quien se ama
a corazón abierto,
cuando despierto
no te encuentro
en mi poder, marchaste ayer
hasta cuando mis ojos
te volverán a ver,
hay que aprender a querer.
Lo ha dicho tu almohada,
en pasión dominante
con carta de amor,
se aleja sin cordura
de alegre semblante.

Madrid, Marzo, 2024